For the twins
from Mary in
LOVE Grenoble

L'imagier de BABAR™

LA MAISON

Sous le contrôle de Béatrice Grélard, institutrice en maternelle.

MANGO

La maison

Au Pays des éléphants, tous les habitants de Célesteville ont la chance d'habiter dans de jolies maisons comme celle-ci.

store
fenêtre
volets
banc
pelouse

À l'intérieur de la maison

Pénètre à l'intérieur de la maison et regarde bien...
Peux-tu reconnaître les différentes pièces
et les différents meubles ?

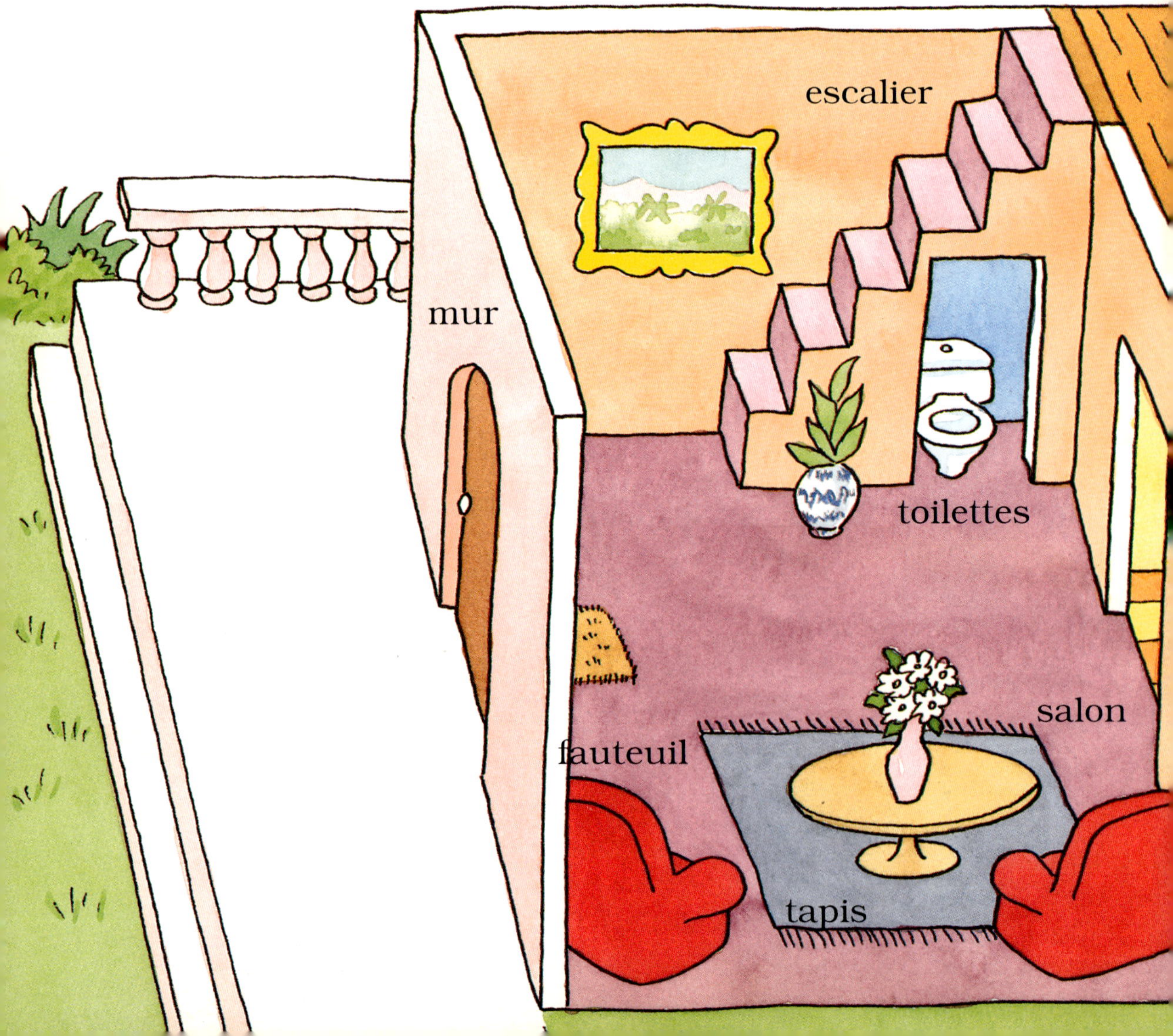

lit
chambre
salle de bains
cuisine

À chacun sa maison

Montre à chacun de nos amis où se trouve sa maison.

La chambre

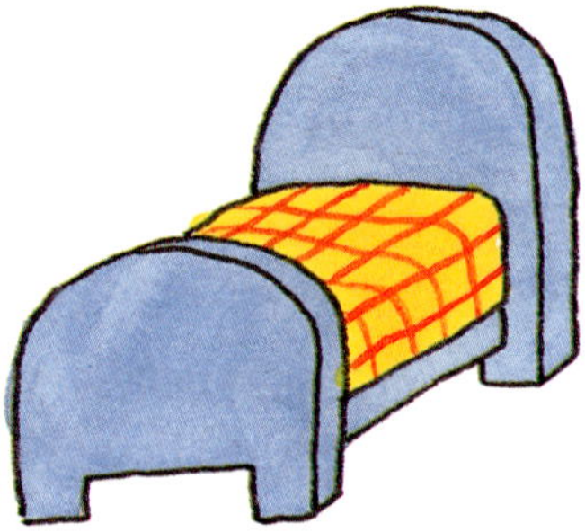

lit

oreiller

lampe

table de chevet

Dans ta chambre se trouvent tes affaires, tes jouets,
et, bien sûr, ton lit pour dormir !

coffre à jouets

livre

poupée

nounours

Où sont les chaussons d'Alexandre ?

En sortant de son bain, Alexandre cherche partout ses chaussons. Peux-tu l'aider à les retrouver ?

Bonne nuit, Babar !

Ce soir, Babar a décidé de mettre son pyjama bleu à pois rouges.
Le vois-tu ?

1, 2, 3, au lit !

Regarde bien cette page et montre à Arthur ce qu'il doit faire avant de se mettre au lit.

La cuisine

réfrigérateur

poêle

Cocotte-minute

louche

Dans la cuisine, tu trouveras tout ce qui est nécessaire pour conserver les aliments et préparer le repas.

four à micro-ondes

évier

table

passoire

La cuisine

horloge

poubelle

balai

cuisinière

casserole

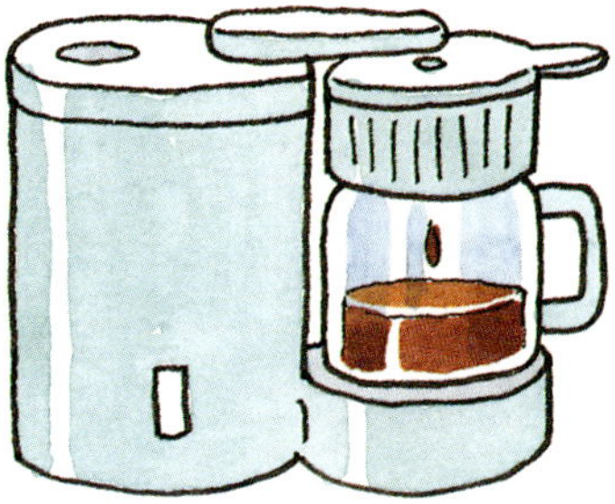

cafetière

allumettes

moule

Bon anniversaire, Babar !

Pour l'anniversaire de Babar, Céleste a préparé un gros gâteau au chocolat.

Parmi tous ces moules à gâteau, sauras-tu reconnaître celui dont elle s'est servi ?

La cuisine de Babar

Bravo ! Babar est un vrai cordon-bleu !
Mais regarde bien tout ce qu'il y a dans cette cuisine.

Quelles sont les choses qui se mangent ?
Quelles sont celles qui ne se mangent pas ?

À table

cuillère

serviette

nappe

bol

C’est l’heure du repas, sais-tu reconnaître tous les objets qui vont sur la table ? Quels sont les aliments que tu préfères ?

chaise

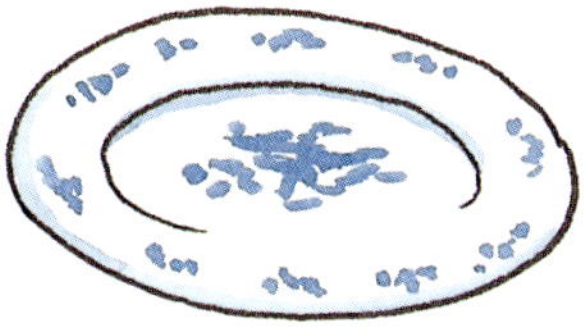

assiette

verre

carafe

À table

sucre

biscuit

chocolat

frites

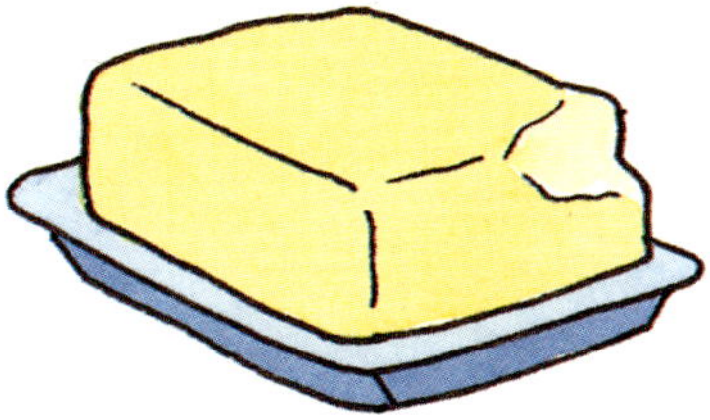

beurre

yaourt

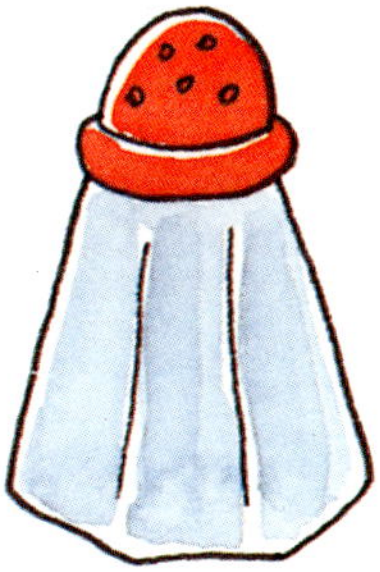

sel

fromage

Le goûter d'Arthur

Avec Arthur, retrouve les 4 pommes qui se sont cachées dans ce panier de fruits.

Le dessert de Babar

Montre à Babar ce qu'il doit faire dans l'ordre pour bien réussir une tarte aux pommes.

La table du dîner

Flore met la table avec Alexandre. Parmi tous ces objets, peux-tu les aider à choisir ceux dont ils auront besoin ?

L'heure du bain

baignoire

lavabo

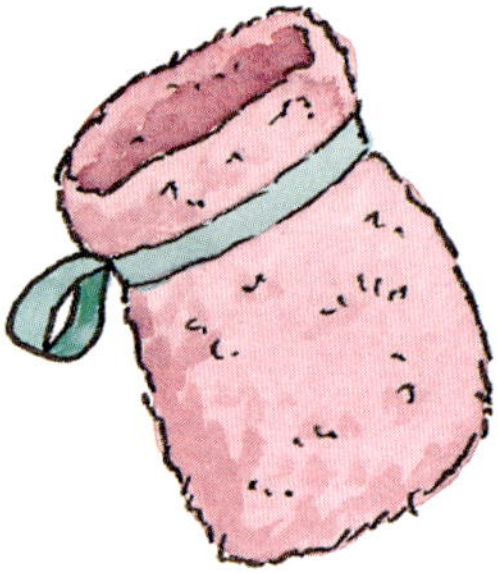

gant de toilette

brosse à dents

Qu'il est bon d'être propre avant d'aller dormir !
Regarde tous les objets qui t'entourent dans la salle de bains.

dentifrice

peigne

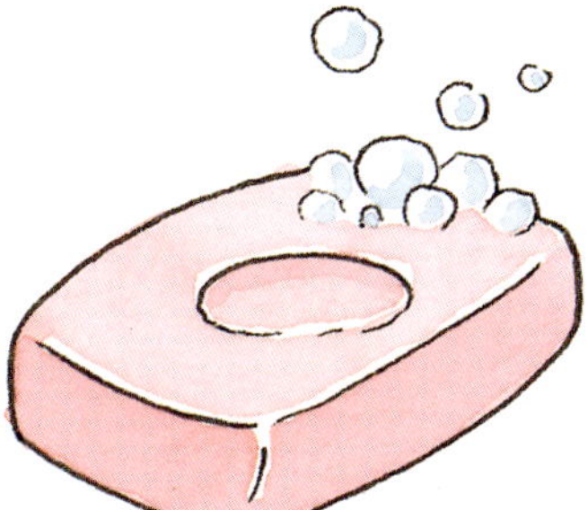

savon

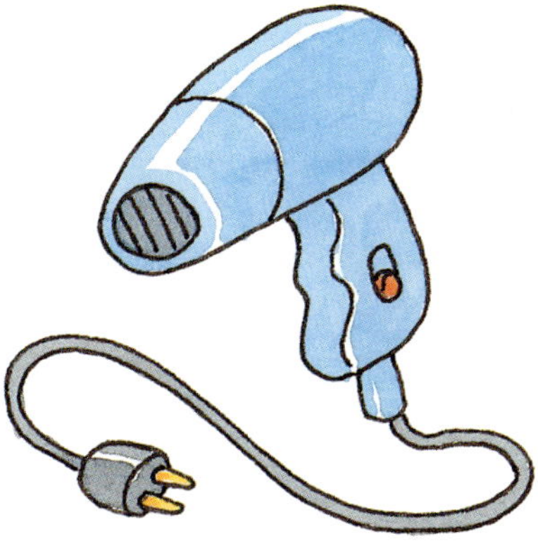

sèche-cheveux

douche
rideau de douche
miroir
shampooing
pèse-personne

serviette
éponge

Le bain moussant

Ce coquin de Zéphir s'amuse à faire des bulles de savon dans son bain.
Désigne ces bulles de la plus petite à la plus grande.

La robe de chambre

Pour savoir quelle est la robe de chambre de Flore, celle d'Alexandre et celle de Pom, suis chaque ligne avec ton doigt.

Dans la baignoire

Sauras-tu montrer à Alexandre quels sont les objets qu'il peut mettre dans son bain ?

Le salon

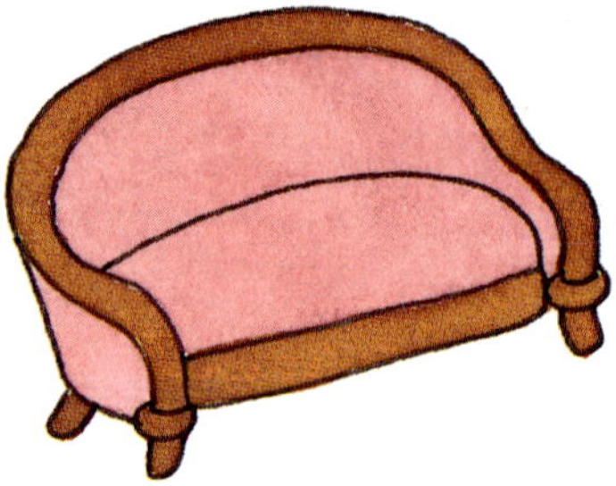

canapé

télévision

téléphone

lampe

Dans la maison, le salon est une pièce où l'on se repose, où l'on se réunit, où l'on accueille les amis.

bibliothèque

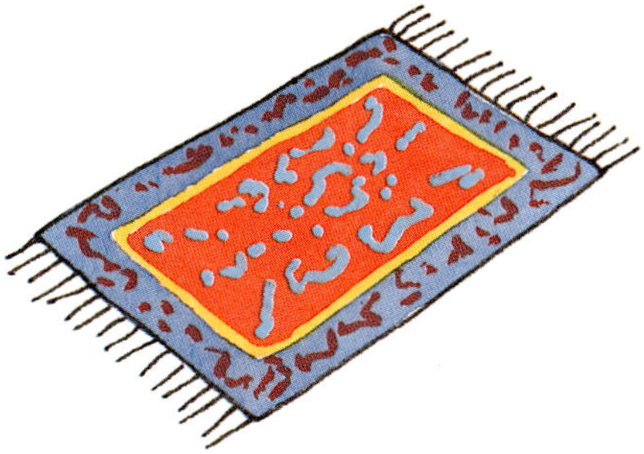

tapis

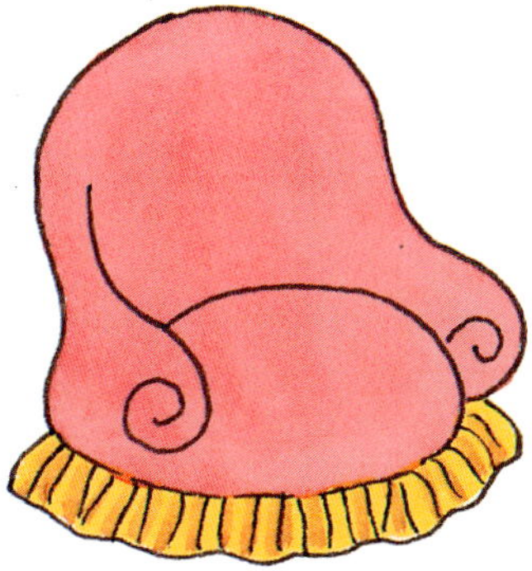

fauteuil

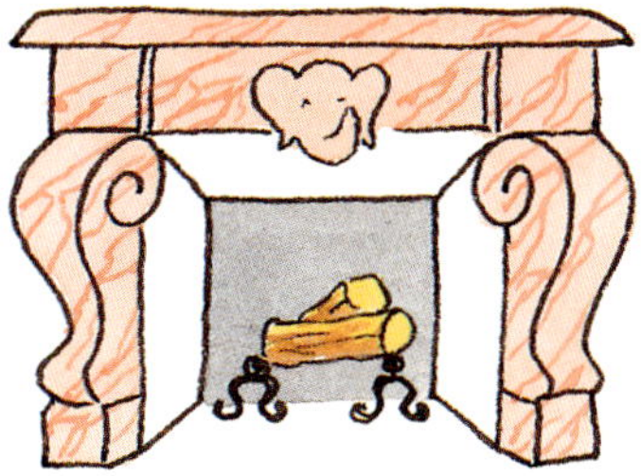

cheminée

Le salon

armoire

journal

tableau

table basse

miroir

commode

bureau

chaîne hi-fi

Un salon bien étrange !

Regarde bien cette image et montre tous les objets qui ne sont pas à leur place dans le salon de Babar.

Clic-clac

Pour ouvrir cette armoire,
Zéphir a besoin d’une clé pareille à celle-ci.
À ton avis, laquelle va-t-il prendre ?

La bibliothèque de Cornélius

Cornélius range tous les livres dans la bibliothèque.
Peux-tu montrer quelle est la pile la plus haute ?

Allo, Céleste ?

Ces deux images ne sont pas tout à fait pareilles.
Regarde-les bien, et trouve les 7 différences.

Les vêtements

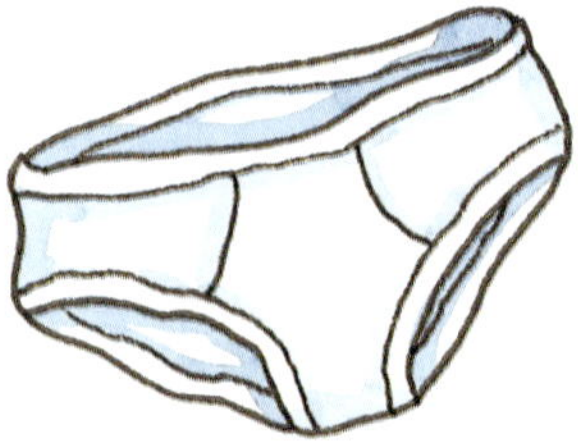

culotte

tee-shirt

chaussettes

robe

Dans ton armoire, il y a des vêtements pour tous les temps. Ceux que l'on met sous la pluie, ceux qui protègent du froid et ceux que tu portes quand il fait chaud.

chaussures

chemise

pantalon

chapeau

Les vêtements

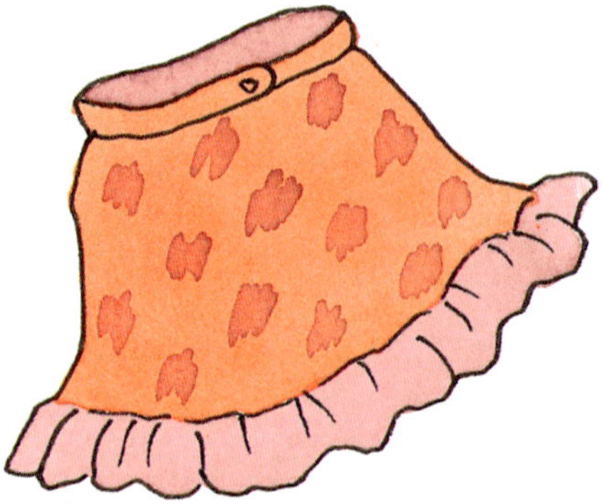

jupe

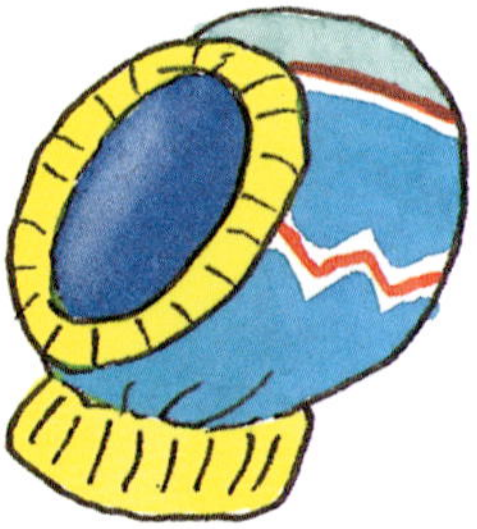

cagoule

bonnet

bottes

casquette

moufles

manteau

caleçon

À chaque saison, ses vêtements

Montre à Flore tous les habits qu'elle peut mettre en été,

et à Alexandre tous les habits qu'il peut mettre en hiver.

Les chaussettes de Zéphir

Zéphir a de nombreuses paires de chaussettes mais elles sont toutes mélangées dans son tiroir !
Peux-tu l'aider à les remettre deux par deux ?

Pour aller dormir

Montre à Flore le chemin qu'elle doit prendre pour retrouver sa jolie chemise de nuit. Bonne nuit !

Adaptation de l'image : Jean-Claude Gibert
d'après les personnages créés par Jean et Laurent de Brunhoff.

Loi n° 49-956 du 16 juillet 1949
sur les publications destinées à la jeunesse
Dépôt légal : octobre 1996

ISBN : 2 7404 0598-7

Imprimé en France-Publiphotoffset 93500 Pantin-en septembre 1996